夢泊斜陽外

早期的作品　創作的時間：一九四六——一九六五

潘皓・著

國家圖書館出版品預行編目資料

夢泊斜陽外 / 潘皓著. -- 初版. -- 臺北市 : 文史哲, 民 88
面 ; 公分
ISBN 957-549-233-1 (平裝)

851.486　　88010303

夢泊斜陽外

著　者：潘　皓
出版者：文史哲出版社
登記證字號：行政院新聞局版臺業字五三三七號
發行人：彭正雄
發行所：文史哲出版社
印刷者：文史哲出版社
臺北市羅斯福路一段七十二巷四號
郵政劃撥帳號：一六一八〇一七五
電話 886-2-23511028・傳真 886-2-23965656

實價新臺幣二四〇元

中華民國八十八年八月初版

ISBN 957-549-233-1

夢泊斜陽外

目錄

■卷之二

■卷之三

■卷之四

序

周伯乃

我國近體詩講究的是神韻和境界，所謂：「藍田日暖，良玉生煙」，是詩人想像的景物。現代詩要求的是意象與象徵；當然，還有其他的，如隱喻、比喻、內在張力、外延力，以及音樂性、社會性，等等。而最重要的，詩必須有情趣、有意境，有耐人尋味的想像空間，有可望而不可即的美境。曾吉甫認為「學詩如參禪，慎勿參死句，縱橫無不可，乃在歡喜處。」這正說明古人寫詩的奧秘，是可悟而不能言傳的美妙處，也就是現代詩人所謂的可感而不可釋，可意會而不能言傳。在我苦讀了潘皓先生的「夢泊斜陽外」詩集後，我一直思索要用什麼角度來評論他早年的創作。甚至考慮以何種哲學思考和美學基礎來評論。潘皓先生，是一位社會工作者，從事我國社會安全制度之研究與建立，具有相當獨特的見解，他的學說已引起海峽兩岸學術界的重視與探討。

如果，我用社會學的觀點，或用黑格爾的美學基調來闡釋他近期的作品，也許極容易處理他的一些心路歷程和創作背景。而「夢泊斜陽外」，是他早年的作品，是他青年時期的作品。那時，正是少年十五二十時的不知愁時期。但他生不逢時，戰火燃燒在中國廣袤的土地上，馬嘶、礮鳴，迫著他離開我國學術風氣鼎盛的安徽，開始流亡，攀越萬里江山，以「走出了山洞，洪荒被釋放的脈搏如流，帶著夢和歌猛力湧向黑色莽林之外」的《路》一詩開始他的創作生涯。

一個生長在文化遺產豐碩環境的青年，朝夕的耳濡目染，自然有其對文學、對文化發展的必然影響。

潘皓先生這本《夢泊斜陽外》詩集，並不是他的第一本詩集，而是在他創作年代上，應屬於早期的作品。從每首詩詩末所註明的日期來看，都是從一九四六年到一九六五年間的作品。是中國內戰正烈的年代，也是年輕一代被迫流亡、背井離鄉的苦難年代，潘皓和千千萬萬中國青年一樣，向著迢遙的遠方，向著無窮無盡的天之邊陲探索、邁進，摸著黑夜，想著黎明的陽光，涉過千山萬水，像滾滾的江河，隨著流亡的人潮，對著陽光奔去。

走過千山萬水，走過他的青春歲月，這本詩集就是他一步一腳印的歷史紀錄。全集分為四卷，第一卷，大部份的詩，是完成於他的故鄉—安徽鳳陽，和流亡途中的南京、廣州、香港；從第二卷以後，都是在台灣創作的，但仍有太多的故國情愁，和懷鄉之戀。

他的詩，有感傷的情愁，也有浩浩的壯志，和深邃的民族情結。譬如《候鳥》裡的「仲秋過後／自塞外冰封的／北國悠悠然渡長空而來／南止於衡陽／作客至春二三月」。這既是寫候鳥的情懷，何嘗又不是寫遊子的心情呢？唐朝薛瑩有詩云：「落日五湖遊，煙波處處愁！浮沈千古事，誰與問東流？」是詩人看見太湖上的落日和煙波，感嘆人生如水的浮沈，最後都盡付東流。潘皓是看見候鳥，感嘆人生如過客。劉禹錫也有「何處秋風至？蕭蕭送雁群；朝來入庭樹，孤客最先聞。」遊子最容易感受的是「寂寞」，潘皓沒有例外。

寂寞糾纏著心靈不放
猶如花影眷戀瑤臺的那般情濃
重重疊疊

.4.

疊疊重重

這兩句疊句，是詩人刻意加重「寂寞」對他的重壓。雖然他以花影眷戀瑤臺般的情濃比喻寂寞與他心靈的糾葛，事實上，已暗示了年輕人對寂寞的無奈，想掙脱，也掙脱不了。

連續讀了他在其故鄉鳳陽寫的詩，我覺得他並没有受當時新詩潮流的影響，看不見新月派的浪漫，也没有現代派的象徵；反而有唐代温庭筠、韋應物的情愁。比如：温庭筠的「澹然空水對斜暉，曲島蒼茫接翠微。」（利州南渡）「雲邊鷹斷胡天月，隴上羊歸塞草煙。」（蘇武廟）；韋應物的「世事茫茫難自料，春愁黯黯獨成眠。」（寄李儋元錫）等等。潘皓也有：

石頭城的黃昏似在滴血
秦淮河畔的笙管被淹没在一片砲聲裡
只有滿街梧桐枝頭的
落葉　在寒風中訴説蕭蕭

—夢斷金陵

從古詩詞中蛻化句子或襲用一些意境，是現代詩人普遍現象。如余光中、洛夫、葉維廉等傑出詩人都大量自唐詩、宋詞裡吸收精華，以及仿用一些古詩詞的句式與現代詩的語式相結合，創造出另一種幽幽古典情懷，是古典的傳承，也是現代的創新，文學就是傳統與創新的相承相傳。同樣題材與情緒，卻有不同的藝術表現形式。這裡所謂的「形」，並不是一般所見的分行、分句、分段的外在形式，而是陳世驤先生所指的「詩裡的一切意象，音調和其他各部相關，繁複配合而成的一種有機的結構organic structure，作為全詩之整個表情的功能。」（引自其「中國詩之分析與鑒賞示例」一文）

潘皓仿用古詩詞的句式很多，而且都能呈現出現代詩人的情感。如「江南煙柳」，不僅標題很有古典雅意，其內容、句式，更具有古詩詞的趣味。

沒有霧何其迷濛
但見煙波外
一對剪雲而來的翻風紫燕

穿梭於妳的髮叢裡

於是我依稀
聽到渭城朝雨的淅瀝
在訴說西出陽關
無故人的古老再版故事

這是蛻化王維的「渭城曲」：「渭城朝雨浥輕塵，客舍青青柳色新。勸君更盡一杯酒，西出陽關無故人。」

公元七三七年（開元二十五年）春，河西節度副使崔希逸為保衛河西走廊，大勝吐蕃，王維奉使出塞宣慰，並留任河西節度使幕判官。所以，寫了很多邊塞的詩。其實，唐代寫邊塞的詩人很多，如：高適、李白、王昌齡、王之渙等等，不勝枚舉。

一九四九年十一月，潘皓輾轉自南京到了廣州，北望中原，烽火正熾，「一列載著冬天的火車，匆匆地把徐蚌會戰的砲聲，帶到了南方。」這時，詩人真正體認到「國破家亡」的悲痛，戰爭使他流浪、憤慨。於是，他唱出了「誰使我流浪」悲歌，發出民族的怒吼！

在流浪中我曾
滴下了兩顆淚
一顆滴在飄流天際的長江
另一顆則滴在老家的淮河
就因爲這兩顆淚便成
我一肩扭不乾的鄉愁
尤其當點點漁舟載著落日返港
尤其當颯颯金風燃起滿山楓火
或夜雨敲窗而驚夢
或孤燈影搖於空冷
鄉愁更凝重
鄉思更深濃

遊子思親懷鄉，是人的本能。潘皓是詩人，有比常人更容易被撥動的情愫，更能被激盪起內心的思鄉和戀鄉情結。他悵望著縹渺的煙水，悵望著茫茫的雲海，但不知何處是歸程。映入眼瞼的是他曾經走過的南京的紫金山、北京的大前門，嘉陵江畔的重慶，以及廣州的黃花崗……。如今，這些曾幾何時是他最熟悉的地方，都只有在夢裡浮顯模糊的形象。事實上，詩人在「讓筆燃亮一盞燈」一詩裡已點出：「戰爭使我流浪／復使祖國錦繡河山被蹂躪得／滿山瘡痍。」他慨嘆多難的中國，不知「何時能走出戰爭的悲哀。」

戰爭與死亡，就好比天上的兩朵雲，永遠追逐在一起。詩人在《香江春曉》中苦嘆：

在漂泊中
死亡雖如影隨形
然而我總是昂然的向前走著
那怕暴風雨之夜
甚至見不到一絲星芒

文學是人類的良知，自始就是反映時代、批判社會。潘皓這部份詩，明顯的是批判當時國共內戰的恐怖和加害無辜的悲慘事件。但他沒有逃避現實，反而，面對現實，堅強在那種惡劣處境中「擂響戰鼓」，期待踏著血路回去，拉起歸帆，乘風破浪回去，這種意願，不僅是詩人的意願，也是千萬孤臣孽子的心願。所以，當一九五〇年四月初，來到台灣的第一首「獻禮」，就明顯地表示：

願風雨過後
踏一路繽紛歸去

詩人來台灣初期，國家正處於風雨飄搖的危急存亡之秋。就題材和內容，雖然有些變動，而他的表現技巧，仍沒有太多變化。法國文學批評家泰納和英國詩人兼文學批評家T・S・艾略特，都認定環境是可以改變，或者影響詩人創作的內容。潘皓的「悵望」一詩，就是寫他初到台灣的詩。

於是我發現

山麓那排剛搭起不久
克難的小木屋裡
住的全都是爲保衛疆土的漂泊戰士
窗外那舉著旗
排著隊的椰子樹們
正象徵著一群孤臣孽子
不甘受
屈辱的挺拔

這就是因環境的變遷，使詩人創作題材和內容都有了極大的變化。在大陸時，潘皓寫的是滿山楓火、北國的霜雪，和塞上的風雲，以及金陵的梧桐；到了台灣以後，面臨的是貧窮，是滿街的木履聲和那僅能遮陽避雨的小木屋，及高高的椰林，這種亞熱帶僅有的植物，在他的故鄉是沒有的。於是，詩人特別賦予它另類生命感，象徵著一群自大陸來台的孤臣孽子的心境。「斗室情調」亦復如此，寫他居住的環境，只有八個榻榻米大，亦就是只有四坪大。在這小小的斗室裡，讓他常常想起故鄉、想起童年，想起淪陷在家鄉的親人。一首詩所以能使人感動，是因為詩人緊抓住個人的經驗表現出人類共同的情感。因此，一個詩人不僅要熟悉自己的環境，還要對事物有比常人更為開闊的視域。潘皓不但對其周遭的環境有相當的熟悉，而且對事物的觀察力亦比常人深入、透徹，再配合其敏銳的感覺性和智慧的透視力，使他的詩成為橫述現代人在六〇年代的最大悲情。

六〇年代到七〇年代，是台灣詩壇最紛亂的年代，有人主張橫的移植；有人主張縱的繼承，也有騎牆派，認為兩種都各有所長。但無可諱言的，在這十數年間，因政治環境所迫，台灣成了文學的斷層狀態，大陸之四十年代的作品一概禁讀，只能零星在坊間買一些詩集、詩選，或文選及舊書報，瀏覽一些大陸作家的作品，反而，一面倒鑽研美、英詩選，和一些極少數的歐洲文學。因而，促使歐美的各個流派，包括現代派，象徵派、未來派、意象派、達達派，以至超現實主義，都大量流進了台灣詩壇，也深切影響到台灣詩創作的走向。而潘皓並沒有隨波逐流，追趕時髦，他仍然執著於自己的創作方向，寫他自己所經歷過的人生經驗，寫他自己所熟悉的事物。如淡水河、日月潭、台北西門町的電影街，等等。

毫無疑問的，潘皓在中國古典文學中是受過嚴格訓練，至少在我國古詩詞裡沈潛過相當的時日。所以，在抒情與古典的迴響裡，他掌握住最恰切的語言，以現代詩的技巧表現出這個時代的悲劇經驗。他的成功，是他語言的創造，有古典的情趣，卻沒有落入古詩詞的巢臼，他靈活運用了中國傳統詩的豐碩詞彙，創造出他個人的藝術風格。

或許有人以為寫詩只是個人情緒的表現，其實不然，詩人表現的個人情緒是與時代息息相關。譬如潘皓寫「陽明書屋」：

今晨無霧
從芝山岩攀緣而上
藉著一朵雲霞
尋尋覓覓　除把各個景點
框進凝眸外
其中彷彿還有著
一抹殘存的防空洞陰影

不知屬於
歷史的那一頁
傷痕

芝山岩，在台北的郊區，緣它而上可到達陽明山。「陽明書屋」就在陽明山麓，亦是早年蔣公介石先生休閒之所，現為中國國民黨典藏黨史資料之處，在那屋裡，典藏著無法點清的「絕版的叢刊」，也珍藏著中國人世代交替的真實史料。詩人不僅客觀地描寫了陽明書屋，也把自己的情感融化在詩裡，從一抹殘存的防空洞窺見世界，窺見中華民族的歷史傷痕。詩人沒有點明那一朝代的歷史，正是暗示著「陽明書屋」的神秘色彩，更重要的是要把那一頁歷史傷痕，留給讀者去追尋、探索。因為，那是屬於我們這一代的歷史教訓。我在拙著《影響人生的書》中說過：「歷史的本身具有兩種意義；其一是隨宇宙的存在而存有的歷史，這個歷史是包括存在於宇宙間的萬事萬物的演變過程。其二是專屬於以人為重心的發展歷程的歷史，乃所謂人類的歷史。人所以異於其他生物，是因為他能創造歷史的意義，在本能以外運用理性接受歷史的教訓。」

潘皓先生是我國當前極少數實際參與社會安全制度（俗稱社會福利）之研究與建立的學者。他不僅關懷社會、關懷國家，也關懷人類的歷史變遷。他用詩，用懷古的情愁，展現出這一代人的悲歡離合，展現出戰爭所帶給人類連連苦難。於是，他企圖用詩來喚醒政客們的好戰野心，以抒情的柔性，表達這一代人的生命悲情和悲劇經驗。

一九九九年五月四日於台北市

自序

潘皓

❶

然而，終於讓我體會到《凡走過的必留下痕跡》這句話的現實性，正如一面善於回報的鏡子，它總是在忠實的記錄著一切。但，最能凸顯主題的，應該是風雨中翱翔的翅膀，挫折下綻放的喜悅，儘管太陽底下一棵樹沒有相同的葉子。

❷

二十世紀已居尾聲，但隨著《千禧年》的來臨，卻實現了我中學時代種在詩苗圃的夢。明白點說，就是把我曾在《現代詩》領域中所做的努力，有計畫的，分為早期的作品、中期的作品、及晚期的作品之三個階段部份創作串成三個自選集，而且從現在起，將陸續出版，此對我在此一方面所投入與揮灑的心血，總算是有了個交代。而這三個集子的命名是：

一、夢泊斜陽外
二、雲飛處
三、島國之秋

如有可能，將再把晚晚期的作品集成最後一册，書名暫定為《讓詩燃亮一盞燈》，惟有此一內涵，才能真正說明我的心志之所在。

❸

回憶五十年前尚在不知愁時代的我，即以《路》這個主題，作為嘗試寫詩的起點，同時也是我一個難忘的挫折之喜悅。記得這首處女作，在發表前，曾遭到安徽日報副刊編輯部三次退稿的記錄，但是，我並未因此而有所退縮。旋經一再推敲、删潤之後，終於被披露了出來，此對我而言，是多麼的興奮與期待的一刻。

也許，這是一種因緣，沒想到從此卻一腳踩進詩的泥淖裡，踏一路如霧的迷濛，始終無法尋得對所謂《現代詩》的新格律之詮釋方向。大概就是因為它具有不定型的本質，或新的特性之所在吧。在這裡，我想把《路》這首詩中，一些富有開創性與象徵意義或人文價值指標的片段，節錄部份於后：

走出了山洞
洪荒被釋放的脈搏如流
帶著夢和歌猛力湧向黑色莽林之外

歷史就是這樣寫出來的
路跨越時代自迷濛的雲水間穿過茫茫蒼宇
啊萬里江山如畫　懸於天際飄搖

而執着的中國人　就這樣
以腳掌的雕刀大踏步寫出了漢唐盛世
爲後世歷代子孫留下不少典範

而這些偉大的事蹟，從伏羲氏觀天象、劃八卦，揭開了宇宙奧秘之同時揭開了上古史的序幕，就已經開始營造，所以在中國的土地上，一條勾勒著文明的軌跡，也就由此呈現了出來。詩畫名家王祿松先生，對此亦有所評價（如附錄），請參閱。

❹

同時，我也要藉此提一提在寫作生涯中，一些太多未能實現的企盼。因為在年輕時，對於散文、現代詩、小說、短評、專論，乃至學術論著，我都曾嘗試過。其中雖也滿足了在某些方面的成就感，但最最使我狂熱的、執着的，還是現代詩；尤其是到了現階段，寫詩幾已成了我生活的一部份，除可藉此自娛外，還能為社會弱勢族群說話，為真理留言，為歷史作見證。

由於詩，是一種存在，一種藝術，和一種莊嚴的美。不管古典的，抑或現代的；不管春華的，抑或秋實的；不管環肥的，仰或燕瘦的，無不各擁有其內涵，各展露其丰姿，留下了不少令人激賞的史乘。這說明詩在人類社會中，是一股不可或缺的精緻文化的主流。所以有人說，沒有詩的社會，就像沒有陽光照耀的海一樣，時雖黎明，卻依然被籠罩在一片灰黯裡。

❺

所謂《現代詩》，就是詩人以他的情感、意志，透過美學和寫作技巧所構成的一種新的文體；而這種文體，不受任何形式拘束，可隨意著筆，甚至一草一木，冥思幻想，皆能成為心靈活動或心情寄託之所在。不過，一首詩，不僅要有內涵、意境、情調與韻味，而且，更要富有人文精神，及生命意義或價值。

但是，如何能引起讀者的共鳴？這便屬於一項高難度的創作。關於此層，相信每一詩人在他所有的感情流溢中，都是站在讀者一起的，讀者的笑，就是自己的歡愉，讀者的哭，就是自己的悲痛。而這些感情的流露與揮灑，都應該屬於鄉土的、社會的、民族的、時代的。否則，儘管他用多美的辭藻，多動人的形容詞，那也只是剪貼的、拼湊的，或堆砌起來的句子，沒有任何意義可言，充其量，也只不過是一束美麗的塑膠花而已。

❻

毋庸置疑，詩亦有其功用，誰要是貿貿然以看現實生活的功利主義之視野來看詩作品、詩藝術，那就根本不足以與之言詩。

然則，詩的功用是什麼？簡言之，應以詩之「美」而達到「秩序的和諧」，因為它是以語文為工具，用來作為宣情達志的深度藝術。所謂詩，在於一種情感或一項經驗以一個具體的意象之表達使其構成富有文化氣息的新生命，離開一人之手能成為萬人的共有物，提高並澄清世人的氣節，使一些受難的靈魂和無告的心志，得到至高無上的瘁勵與奮發。

我個人以為，詩，連同一切文學和藝術，首先必須是個人的，而後才是鄉土的、社會的、民族的、同時也才是時代的。惟有如此，每一個詩人，每一個文學家，每一個藝術工作者。都必有其所從屬的個人之個人觀點，所從屬的鄉土之鄉土情份，所從屬的社會之社會習俗，所從屬的民族之民族性格，所從屬的時代之時代背景。而這種個人的觀點，鄉土的情份，社會的習俗，民族的性格，時代的背景，又必須透過一個詩人，一個文學家，和一個藝術工作者，以「美」與「秩序的和諧」之具體的融會於其作品之中，才不止於抽象的、概念的，而成為一種有活力、有生命的不朽之作。

❼

我很高興，《夢泊斜陽外》，終於出版了。

當我把那些被選錄的詩，從報紙、詩刊，或雜誌上收集起來，加以整理後，即有著無限的感觸。因為它忠實的記錄著我，而且也忠實的伴著我為追求自由而渡了漫長顛沛流離與國仇家恨的漂泊生活，讓我悲憤的靈魂在熱血沸騰中迸發出生命希冀的火花。如果說在這些詩中的部份創作，即令只有一首，真的能反映許多人的愛與恨，夢與哀思，那麼這個集子的出版，當非毫無意義的詠吟了。

❽

不過，這個集子，所收錄的詩，都是我早期的作品，其中也包括我於一九五五年出版的《微沁者汗的太陽》及一九六〇年出版的《在莒集》部份創作。換句話說《夢泊斜陽外》，應該是我第三本詩集。

至於在編輯方面，並非以分類為規劃，而是以創作時間的先後為序，自一九四六年至一九六五年，二十年來，每年選出四首，每五年編為一卷，共為四卷八十首。

此外，還有一層，我要提出特別加以說明者，就是在這八十首詩中，因均屬早期作品，多非成熟之作，但為避免破壞原貌，故未作任何刪潤。

最後，承詩人及文藝評論家周伯乃先生以宏觀視野為我寫序，與詩人藝術家大蒙先生為我設計如斯精美的封面，使這個集子生色不少，在此一併深致謝意。

一九九九年五月四日於台北

夢泊斜陽外

早期的作品　卷之一

創作的時間　一九四六——一九五0

路

走出了山洞
洪荒被釋放的脈搏如流
帶著夢和歌猛力湧向黑色莽林之外

當伏羲氏觀天象劃八卦
揭開宇宙奧秘之同時揭開上古史的序幕
一條勾勒文明的軌跡隱然浮現

從此人世的路都在向前伸展著
都在向那迢遙的遠方　那無窮盡之無窮盡的
天之邊陲　那縹緲之縹緲的雲間伸展

昨日　剛突破一片浩瀚莽野
而今日　又要飛身攀越那深不可測的峭壁峽谷
為了明日　乃踩平坎坷的大千世界

於是　一條條向前伸展的路
便像萬古不廢的滾滾江河一樣　洶湧地
面對著陽光奔騰而去

歷史就是這樣寫出來的
路跨越時代自迷濛的雲水間穿過茫茫蒼宇
啊萬里江山如畫　懸於天際飄搖

而執着的中國人　就這樣
以腳掌的雕刀大踏步寫出了漢唐盛世
為後世歷代子孫留下不少典範

五千年來　不觀乎華夏代有人才出
像堯舜虞湯者如斯　文武周公孔子者如斯
繼之若孫中山者亦莫不如斯

就這樣　立足於東亞的漢民族
雖也曾有過挫折　有過自巔峰跌落谷底的創痛
然而率皆能撥開雲霧　化險阻為坦途

如今　不必問風雨歲月何時了
那期待已久　屬於中國人的二十一世紀
即將踏一路繽紛而來

後記：有人說：「凡走過的，必留下痕跡。」而《路》，不正是這最好的寫照嗎？這首詩，是我嘗試寫作的起點，也是我一個難忘的挫折之喜悅。記得在發表前，曾遭到安徽日報連續三次退稿的記錄。然而，我卻未因此而退縮，旋經一再推敲、刪潤之後，終於被披露了出來，此對我而言，是多麼興奮與期待的一刻。也許，是一種因緣，没想到，從此便一腳踩進詩底泥淖裡，踏一路如霧的迷濛，始終無法尋得對所謂《現代詩》的新格律之詮釋方向。大概，這就是因爲它具有不能定型的本質，或新的特性之所在吧？玆於此乃爲之誌云。

一九四六、二、五　寫於鳳陽

荷錢淚

春晨的風總是
那般漫妙
試圖以柳絲拂去湖上鏡中的塵埃
誰知　它一揮灑
便掃起了滿谷的黃金
碎片

斯時一對鷺鷥
自青山外翩然翻雲而來
好一幅飄浮的潑墨
可是就在它側著翅膀向下俯衝時
竟把那剛出水的荷錢
踩得稀爛

啊何其如斯之酷
我大聲喊著
甚至想投其以石塊而驅逐之
但見浪花四濺
一串串瑩晶的明珠
滾落成淚

一九四六、三、六　寫於鳳陽

候鳥

楓火又滿山
這寫在藍天上的符號
漸次的飄向南方
亙古以來未曾有誤差的記錄

仲秋過後
自塞外冰封的
北國悠悠然渡長空而來
南止於衡陽
作客至春二三月
在雲霧中
投我以哀思於窗前
多如落葉片片

然而
就在這片片落葉上
馭著天涯遊子
還鄉夢　乃乘西風以遠颺
　悠悠然
悠悠然

一九四六、九、五　寫於鳳陽

.30.

這一年

寂寞糾纏著心靈不放
猶如花影眷戀瑤臺的那般情濃
　重重疊疊
　疊疊重重

踩過燃燒的六月
於焉又是一整季的蕭索與憂鬱
當白令海峽的冷風
飄來雪花片片　這一年
乃茫然而逝

於是我把夢
偷偷埋在冰封泥土下

待一場春雨過後
能看到那隻吟唱著呢喃的燕子
從翠園啄一枚花瓣
啣回窗前

一九四六、一二、五　寫於鳳陽

莫等閒白了少年頭

握起被封凍的筆
如瞥見一位僵硬的老人之悲哀
何不趁春風之吹拂
寫下一面
迎向黎明的旗

聽　青春旋律
已自藍空下那一望無際的大草原上
以飛躍的舞步　越過
雲的島嶼之層巒　而捲起
滾滾長江東逝水

看　今日旌旗已滿山

出發吧　捍衛國土的戰士們
把血灑在疆場
莫等閒白了少年頭
空悲切

一九四七、三、一二　寫於鳳陽

四月的鄉村

湛藍的笑語
絢爛的歌聲　這季節
是最最忙碌的呀
就連那剛甦醒過來的小河也展開它
僵硬的臉　吟唱著潺潺

而養蠶人家
荳蔻年華的村姑們
更以燕剪之姿穿梭於桑林之間
年壯的農夫都趕著牛
荷著犁　把他希望的種子
埋在春之田隴

那成群成群的鳥兒
一大早就飄起朵朵白雲的翅膀
潑灑著稀碎陽光
伴隨詩人的靈感飛舞

於是澗溪的兩岸
都唱了起來
他們唱的是支鄉戀的歌
布穀的歌　透過每個節拍之吐出的
全都是歡樂的音符

一九四七、四、八　寫於鳳陽

飛躍的溪流

像一隻射向
東方的箭　悠悠地
自天之外那層巒峽谷之隙跳出
飛躍在地球的斜坡上

橋被穿成孔道
藻澤之區被夷為沖積平原
然而它卻不捨晝夜
　向東方
向東方

但有時
它也會在雨中低泣

或風前朗笑
沿途似有抒不盡的情懷
和唱不完的歌
啊　溪流　飛躍吧
向那揚溢著歡騰的海飛躍吧

一九四七、七、六　寫於鳳陽

一扇朝向北北西的窗口

九月的黃昏
覆蓋著哽咽的江流
使晚來的潮汐
擁抱破碎的山河痛哭

一扇朝向北北西的窗口
正默默凝視著遠方
凝視著那來自西伯利亞的戰火
陷多災難的中國又將
再次面臨兵連禍結的悲劇

當驚恐寒星落盡
窒息的沙場

忽傳來一陣春雷似的砲聲
成簇的地丁香
連珠在山谷間綻放
於是　一襲彩雲的
翅膀　驀然在晨曦中飄起

一九四七、九、六　寫於鳳陽

金陵夢斷

能夠醒著從一場戰火中
彈片滴落如星雨的心跳地帶走出來
越層巒穿雲而降
真的是不可思議的呀

渡過長江之險
沒想到　金陵這龍蟠虎踞之地
六朝的故都　竟演成
如斯殘局
夕陽外那堪回首
獨愴然淚下

石頭城的黃昏似在滴血

秦淮河畔的笙管被淹沒在一片砲聲裡
只有滿街梧桐枝頭的
落葉　在寒風中訴説蕭蕭

然而當雞鳴寺的晨鐘
敲醒了夜底迷惘
玄武湖的龍魚自風動處鼓浪而騰踏
我聳一聳肩抖落一身塵沙
內心依然有著
幾分卸不下的沉重

一九四八、一、一七　寫於南京

風雨故都

我　帶著風雨
來自　古老的鳳陽城
渡江而後　憶起
明太祖當年在此建都的諸般神話故事
如今只留下一堆堆
歷史殘片在夕陽下閃爍

靈谷寺的神殿
業已崩塌
慶功樓焚燃後即不復存在
只有鳥瞰滾滾江流的
燕子磯依然挺拔於青天之外

然而我這個浪者
想看看這六朝故都的遺址
而把滿懷惆悵
拋在冰冷的雪地裡

拋在秦淮河畔
拋在白露洲渚　拋在—
拋在國府路前落葉梧桐的長街

一九四八、二、三　寫於南京

江南煙柳

曉色初泛
我再一次瞥見妳
以依依情懷
飄忽在江南另一個野渡灘頭

沒有霧何其迷濛
但見煙波外
一對剪雲而來的翻風紫燕
穿梭於妳的髮叢裡

於是我依稀
聽到渭城朝雨的淅瀝
在訴說西出陽關

無故人的古老再版故事

啊煙柳
妳能否告訴我
綠蔭深處
為何有唱不完的驪歌

一九四八、四、九　寫於皖南

一個浪者的獨白

星空下　一個尋夢的浪者
似抱著滿懷心事　在一條堰埂上走著
默默地諦聽路旁
繁花在訴說秋之枯萎

夜　正張開翅膀在林間飛舞
雨後的蛙鼓　群集於蓮塘歌唱明天
然而一個來此的
尋夢者依然默默無語

偶爾他也曾駐足
從雲隙中望長空萬里　嘆鄉關已遠
一顆孤懸於太虛的

星淚　愴然自天心滴落
之後　他一俯身
撿拾起一塊像巴掌大的石之薄片
對準水面猛力擲向
遠方　踏一路歡笑而去

一九四八、七、二三　寫於杭州

窒息的驚恐

當徐蚌會戰
自雪的覆蓋之地層下爆發
莽莽神州
頓成烽火中國

一個還是
不知愁的慘綠少年
驀然幻為一隻斷了線的風箏
　漂泊於—
　無涯岸天際

最難忘的
一次窒息的驚恐
是在浙江京華的黃昏海岸

未悉從哪兒
掃射過來的一陣槍聲
我自死亡的人堆裡醒著爬起來
摸黑渡河
心跳在血泊中
飛濺

匆匆
越過一座山
背後仍有巨大的喘息
在敲擊我
脆弱無告的生命
正捲起在錢塘江上那澎湃的
潮聲裡
隨浪花滾動

一九四九、八、六　寫於錢塘

九月山間野店

在九月這
抑鬱黃昏的原野
蕭索的風把一山燒焦的楓紅
掛在枝頭搖曳
秋則患了蒼白的貧血症
躲在澗邊低低啜泣

一座矗立於
落寞斜陽裡的古塔
試圖把它投影
隨著村落的嬝嬝炊煙
羽化為一艘像是來自錢塘江外
即將進港的歸舟

然而只有我
這個天涯的遊子
卻擔著一肩卸不下的鄉愁
蹣跚於那已被
殘陽染紅的山徑上
匆匆趕路

當千萬匹晚霞
撕破了一具頑抗的夕照
我從迷離中
發現雲邊的峭壁下
有幾户人家剛燃起燈火的野店
正在向我招手

一九四九、九、一　寫於京華

那堪回首

雪繼續飄著未歇
大地的晨景被堆砌成一片茫然
一列載著冬天的火車
匆匆地把徐蚌會戰的砲聲
帶到了南方

然而妳可否
知道可否知道我走過了
　多少荒徑莽原
　多少困扼危殆

但每當
風於枝頭呼嘯
我總是在

低低地吟唱著這首詩：
「國破家亡了
只剩下一把辛酸淚
窗外的風雨正在飄搖著
遲疑一步即
將陷入死亡泥沼
別了吧
不　但願此去
能相伴　莫再踟躕」

不必問歸期
也莫把期待劃成痛苦的等號
當冰封的種子吐出
春醒的呢喃　我會帶著
黎明歸來

一九四九、一一、二　寫於廣州

讓筆燃亮一盞燈

在這場為
自由而戰的搏鬥中
所能擁有的
就只有這一枝筆
（擁有它正如我擁有
靈魂一樣）
戰爭使我流浪
復使祖國錦繡河山被蹂躪得
滿目瘡痍
荒涼若蠻夷莽野
我要讓它組成筆隊伍
組成正義之師
代劍出征　在疆場

橫掃千軍萬馬
在漫漫的長夜裡燃亮
一盞燈

一九四九、一二、三〇　寫於香港

香江春曉

不知是誰在說謊
一種比夢魘
還要可怖的無辜加害
竟也能被詮釋為宿命論的輪迴劫數
堪嘆多災難的中國
何時才能走出戰爭悲哀

在漂泊中
死亡雖如影隨形
然而我總是昂然的向前走著
那怕暴風雨之夜
甚至見不到一絲星芒

相信只要黃河之水
依然來自天上而滔滔不絕
而歷史的預言
自會在真理之前呈現

砲聲漸遠
我從破碎地圖裡
摘一朵蒼白的玫瑰寄回神州
香江於焉春曉
一面迎向黎明的旗
驀然飄揚在青天白日之下

一九五〇、一、五　寫於香港

誰使我流浪

一

帶著離愁悲憤
踏著風雨泥濘
明知這是對自己的一種虐待
為什麼偏要走向茫茫天涯路
為什麼
為什麼

誰把極權叫作民主
誰把奴役叫作自由
誰使我流浪
誰迫我逃亡
是誰

是誰

二

花落花開
潮來潮往
又是一年春風秋雨
而我依然在流浪著
　在流浪著
在流浪著

錢塘江在咽嗚
長白山在怒吼
黃浦江鴨綠江在哭泣
太行山大青山在咆哮
上帝在嘆息
魔鬼在咀咒
　難道這嘶啞的呼喊

就擠不出一滴回聲

三

在流浪中我只
流下了兩顆淚
一顆滴在飄流天際的長江
另一顆則滴在老家的淮河
就因這兩顆淚便成了
我一肩扭不乾的鄉愁
尤其當點點漁舟載著落日返港
尤其當颯颯金風燃起滿山楓火
或夜雨敲窗而驚夢
或孤燈影搖於空冷
　鄉愁更凝重
　鄉思更深濃

儘管過了今夜

明日仍將流浪
而我總想從這死不透的世界裡
讓孤憤的凝眸找回失去的風景
　那盞大紅燈籠
　何時才能掛起

四

天是故鄉的藍
月是故鄉的明
那兒有一望無際的沃野
那兒有萬里浩瀚的河山
這座神州的大浮雕
一幅寫在藍空下的
　中國
　　潑墨

如果說戰爭

是對抗遊戲
那麼總應該讓我
有擲鏢的機會吧
但每當細數走過的驛站
連望眼都感到有些累了
　胡不歸去兮
胡不歸去兮

五

可是家何在
何日是歸期
我悵望著煙水縹緲
我悵望著雲海蒼茫
也望不見它的宅後苗圃
也望不見它的門前小溪
也望不見那跑在山徑上的牛犢和驢子
也望不見那疵蔭在它四週的煙樹輪廓

望穿了秋水
望斷了雲天

何處是金陵紫金山
何處是北平大前門
何處是嘉陵江畔的陪都
何處是五羊城的黃花崗
從這片已失去
主題的模糊中
刺入眼瞼的無非赤地
掠過耳際的盡是哀鴻
　是浩劫
是死亡

六

當冰封的種子翻開泥土
當島角的雄雞啼破春曉

當自由的火炬燃亮黑暗
當民主的號角奏向明天
全中國的人
都在歡呼著

聽　太平洋的怒潮已擂響戰鼓
朋友　讓我們拉起回航的帆吧
就此乘長風
而破萬里浪

後記：這首詩，是以朗誦詩的體裁，且以口語化對偶的句形構成。創作時間，是一九五〇年二月，流亡香港時所寫。其內涵，非僅道出一個去國浪子悲感交錯的心境，同時也反映了多難的中國之時代背景。發表後；曾在中廣詩歌朗誦節目中多次播出。旋即被選入《大道文藝叢書》第一輯。可是由於這首詩長達數百行，只好節錄部份納入本集。

一九五〇、二、五　寫於香港

獻禮

來這島上
我只帶來一首詩
一份無可取代的心靈獻禮

獻給二十世紀
　這飛揚的時代
多災難的中國
以及陷入鐵幕的罹難者

獻給愛好和平的文明人類
獻給為保衛自由而戰的英勇鬥士
獻給離開了我而又永遠
　關懷著我的家人和朋友們

願風雨過後
踏一路繽紛歸去

一九五〇、四、一〇　寫於台北

詩與畫

這島嶼給
我的感覺是美麗的呀
面對三月的留連
摘一朵臺灣產的紅玫瑰
插在案頭
好一幅絢爛的
春景

而且這島上天天天藍
每一季節都是幸福花開的日子
就像那棵大槐樹下
講古的老人逗得一群天真的
孩子們鼓掌叫好的滿足

那如岱的青山
那飄浮著炊煙的白雲
那微沁著汗的紅著臉的太陽
那吟唱著潺潺而奔向天際的玉流泉

啊　這是一首詩
啊　也是一幅畫

一九五〇、五、四　寫於台北

夢泊斜陽外

早期的作品　卷之二

創作的時間　一九五一——一九五五

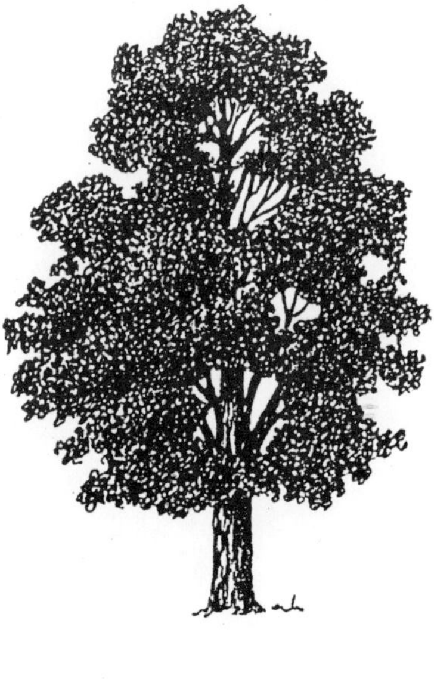

陽春試筆

一

在早餐桌的岸邊
不知從哪兒駛來的一葉滿載著
黃金白玉的小小扁舟
翹翹地一如上弦月的翻版

二

把柔情披在肩上
輕輕搖曳著
一條艷麗發光的絹絲瀑布
乃飄飄然傾瀉而下

三

假若我是鳥族
翱翔於巍峨的泰山之巔
與彩雲飛舞
天下可不是太小

一九五一、二、六　寫於台北

碧潭的黃昏

這兒的
春二三月的夕照
　像紅葡萄
　酒的朦朧
淡淡的不帶一點兒浪漫添加物
卻依然如斯醉人如斯美

一座梭形的吊索橋
恍若長龍臥波
靜靜地　躺在這湖上隨風蕩漾著
山腰間的
那棟海角紅樓
竟也被框作視野的

場景

噹噹噹……
噹噹噹……
帶有些嘶啞的破落
這響自空谷
響自深山的廟院鐘聲啊
敲碎了落霞片片
讓漁舟載著滿艙星火
戴月歸來

一九五一、三、九　寫於台北

當夕陽渾然如醉

莫再讓淚水
模糊了你亮麗的容顏
能相晤於夢中
那感覺是最美的呀

當夕陽渾然如醉
我就會站在湖心亭等妳
看秋楓紅似火
賜給我以美的遐思

多少年　我總是傍依著
水湄漫步　總是忘不掉那別離的日子
但每對雲天凝望時

即會向波尖灑下相思淚點

校園旁那條澗溪
是否仍在繞著操場淙淙流著
一顆鎖不住的心啊
便隨者白雲的翅膀飄去

一九五一、七、二〇　寫於台北

悵望

春晨的風
猶如慈母推動搖藍的手
撫摩著
嫩綠枝頭微笑

於是我發現
山麓那排剛搭起不久
克難的小木屋裡
住的全都是為保衛疆土的漂泊戰士
窗外那舉著旗
排著隊的椰子樹們
正象徵著一群孤臣孽子
不甘受

屈辱的挺拔

但他們總是默默地
向流水傾吐無限的悲憤

燕子飛去
會再回來
而分離了的骨肉卻只有
隔著大海悵望

一九五一、一〇、二〇　寫於台北

斗室情調

八個榻榻米方格子
靜得比空白的稿紙還要無聊
只有案頭那本沒有讀完的西洋哲學史
被多事的晚風翻弄著
沙沙地發出形而上的呢喃

筆插在墨水瓶上
向孤燈的蕊芒間索取跳躍的靈感
夜自天際撒下迷濛的網
從黑色的海洋裡撈起一天星斗
種在窗的玻璃上閃爍

有時因鄉愁凝重

張開了兩臂逐走頹唐
學作山下小溪夢想遠方之伸展
誰知卻一腳踩進
童年的歲月裡不能自拔

當擎空的椰子樹
乘夜已闌珊搖落了一城燈影
我飲盡樽中酒
聽窗外的瀟瀟風雨
淅瀝如心跳頻率的滴落

一九五二、三、三　寫於台北

橋

一扇扇精雕的拱門
在悠悠河流裡
手攜著手排隊且向中看齊
把兩岸缺口縫合
好讓晨曦最先穿過這
時光隧道

從側面看過去
像是一隻隻連結起來的臂膀
建構的一條
具有現代化的捷運系統
然而卻保有幾分
古典

風采

當我昂然的
走過烽火歲月駐足其上
看千帆早已過盡
發現那位把獨木舟繫在柳蔭下
垂釣的老漁翁
依然在那兒默默地
對流水沈思

一九五二、五、四　寫於台北

殘句

我曾以雪樣純真
寫過一首最最美的戀曲
不知為什麼卻像一串斷了線的項鍊
一顆顆自夢中凋落
只有結尾那兩行卻完整的
珍藏在我的心底
「啊　妳青春的蓓蕾綻放了
為何羞於迎向我盛開」

三年前
相遇泥香花徑
蓮塘風景
突泛起醉人魅力

如今這兒的情景依舊
何我眼前如霧
「啊　妳青春的蓓蕾綻放了
為何羞於迎向我盛開」

春二三月黃昏的美
像是詩人的夢
那橢圓的羽狀的綠葉
更顯得格外蔥翠欲滴而嬌柔
每當我走進
這花圃便走回從前
「啊　妳青春的蓓雷綻放了
為何羞於迎面我盛開」

儘管這一切
早已隨風而逝　但
她那欲語還休微啓的嘴唇間

所流露的爛漫天真
仍不時在我心海中盪漾
久久而不知所止
「啊　妳青春的蓓蕾綻放了
為何羞於迎向我盛開」

夕陽已燃亮了
滿城燈火
漁舟也自波濤載著落霞歸來
當冷露從葉尖滴落
白楊樹梢昇起藍色星星
我默默望著遠方
「啊　妳青春的蓓蕾綻放了
為何羞於迎向我盛開」

一九五二、七、八　寫於台北

夜之簷滴

誰在叩院落柴扉
（嗒　滴嗒）
荒涼的夜像一片無垠沙漠
只有料峭的西北風
糾纏著林梢

許是天階仙曲吧
（嗒　滴嗒）
迷濛的夜像一汪浩瀚海洋
只有山村幾點犬吠
緊咬著塔尖

哦　夜之簷滴喲

（喀　滴喀）
你這若鐘之擺歌之譜夜之
簷滴喲　為何要摔
碎成串明珠

一九五二、九、一〇　寫於台北

淡水河靜靜地流

像一條飄流於天際的玉帶
把所有的山都繫在這島上

日暮鐘鳴矣　你發出朗朗禪語
春暖雪融矣　你濺起潺潺笑聲

當你水之清兮　可以濯我纓
當你水之濁兮　可以濯我足

或曰一支箭　穿過莽林與峽谷之隙
我說一幅畫　懸於霧嵐和雲影之間

偶爾你也會因國難而嗚咽

有時你也會為不平而怒吼

就這樣　把飛揚的浪花留給大地

就這樣　讓充沛的活力獻給蓬萊

一九五三、三、一二　寫於台北

光華島

祇為一睹你的風采
自老遠的北方攀一路層巒
以六個半小時的行程終於暮色蒼茫中
瞥見你出現在一面大鏡子裡

當微風掠過
你像一葉扁舟　輕輕地
盪漾在日月潭心　給我感覺似有些迷離
掩映蕃社的燈光閃爍以及
文武廟的古木參天——這畫面好美

光華島
你這位哲之聖者　傾

畢生獨具之巧思把這裡雕成世外桃源
讓青山綠水的鐘靈毓秀
化為自由和平與愛獻給大地
獻給世人

一九五三、五、四　寫於日月潭

那所有的全都站了起來

當春醒的種子
吟唱呢喃
那陰暗的覆蓋下
之覆蓋下的一切全都
站了起來
全都站了起來

所有的鳥全都張開了翅膀
所有的山全都舉起了手臂
所有的森林全都編成了綠色隊伍
所有的江河
　全都擂響了
戰鼓

啊　那所有的全都站了起來
啊　那所有的全都在戰鬥著

一九五三、七、七　寫於台北

夜空的幻變

想必是
宇宙奧秘未關好
夜空的場景
全都在椰子樹的影搖下
漸次展出

那掛在青山外的上弦月
翹翹地　恍若一葉航行於雲漢的扁舟
正划動碧波　一路向西斜的
大峽谷滑落

如洗的長空
酷似一湖明媚秋水

閃爍著的光點
儼若白楊的葉子閃爍夜底眼睛
在銀河裡漂流
當瓊樓的玉笛漸歇
無家的風自
九天驟然臨空而降
搖落一城燈影

於是有雲掠過
夜空乃演變為一片
黑色的海洋
那滾動的浪花都排成列島
轟隆著的狂潮聲
一如沙場戰鼓之擂響
駱隊之奔騰

繼之暴雨傾盆

洶湧地帶來了夜濤之澎湃
更帶給我濃重的
鄉愁

就此我拉下了窗帘
讓一切盡歸闌珊處

一九五三、九、八　寫於台北

電影街的人潮

滾滾若江河
啊　究不知有多少道支流
向這裡奔騰而來
　熙熙然
　攘攘然

是為名　抑或為利乎
當霓虹燈影搖落了滿天夕陽餘韻
做著黃金夢的
電影街瞬即被人潮淹沒
那一波接著一波的萬頭鑽動
猶如散陣尋食的
群魚之在河床裡

追逐

奔忙

於是台北的夜乃綻放

萬紫千紅朵朵嬌

讓這帶有多樣色彩的大都會

有時也會因此出現

不少

荒誕

一九五四、一、二四　寫於台北

待

夜空的雲隨風而逝
大地全都被雪樣的月光覆蓋著
梅蕊可飄香　茫茫地
啊　好像是北國的冰封世界

不知為什麽
今夜銀河裡的星子
如此的喧鬧著
於是那溢軌的閃爍之閃爍的相思雨
滾滾如明珠自太虛滴落
滴落了我的視野
卻滴落不了我的鄉愁
孤燈下則只有

咀嚼著一葉飄零的國土
與半生憂患

眠不得
索性把心胸敞開
靜靜靜靜地
聽窗外流雁長嘯杜鵑低泣
坐待海角雄雞
啼破春曉

一九五四、二、一一　寫於台北

埋沒

一盞在太陽底下
亮著的路燈
儘管它以火樣熱情
熾烈的燃燒著
卻發不出生命的光芒

而潺潺溪流
帶給天涯遊子以遐思
但不知今夜為何
竟被松風吹起的小喇叭
掩蓋著

然而一個智者

生長在戰亂時代或沒有
文化的社會
他也只好默默地
等待老去

一九五四、七、一〇　寫於台北

落葉悲歌

經不起風風雨雨
抑或難熬枝頭太多的寂寞
故以粉蝶採花
之姿到處翩翩飛舞
　飛舞
飛舞

也許以為這樣
便可憑虛御風而享有
雲的飄逸與瀟灑
　駕著扁舟
　帶著片帆
悠悠地划向天之涯水之濱

以及夢與詩與畫
之勝境

漁夫　會自波濤返港
樵子　知從深山雲霧歸來
然而只有你在
飄兒飄的飄著不停
　在浪蕩
　在漂泊
倘一朝降下一場疏雨
將因此
而葬身泥土

啊飛吧
趁著夕陽猶在
飄起翅膀
舞出現代的浪漫

不也是一種藝術的創作麽
在歸根之前
再也飛不上
　昔日
枝頭

一九五四、九、二　寫於台北

三月筆觸

在水之濱有煙雨
迷濛的柳絲
正以一抹輕愁之柔美的丰姿
展示她千萬種風情

那河上的吊索橋
恍若是弓與網的組合
海角山間紅樓
自水底勾勒出中國建築的古典美
驀然　一個詩人帶著—
彩色的筆觸而來
試圖把他的人生揉合於
自然裡

於是他凝視遠方
以回憶尋找失落的童年故事
抓一把雲撒向天邊
看大江東去
使許多畫面都已經有些了模糊
而三月這感傷的
季節只留下一杓冷夢
在飄搖

一九五五、三、六　寫於台北

午夜琴挑

在這靜悄三更夜
不知是誰把我自夢中喚醒
輕輕地以一種哀怨而又婉轉的嬌柔
從窗外梧桐葉尖飄落

是纏綿松風傾訴月色黯淡
抑或山澗溪流駛來古人的吟唱
如果說是唸著咒語的鴟梟掠空長鳴而過
那腔調是不堪入耳的呀

深沉的院落如一池止水
只有簷角的鐵馬發出夜底韻律
鏗鏘的在飄搖著天邊幾顆隱約可數的星星

不時向人間投以微笑

哦　這聲音定是
對面小樓撥動的琴弦喲
繼續的彈奏吧　莫非也是在撥弄著
她那太多寂寞的心曲

一九五五、四、二　寫於台北

千里鵝毛

就以這首小詩代替
千里鵝毛吧
大道　你文化的鬥士　戰鬥的伙伴
請收下這份真摯的寒酸

五年了
踩一路泥濘是多麽
多麽的艱辛喲
而你卻為著天下為公這份使命感
從一條荊棘叢生荒徑
走出了坦途

猶記得創刊伊始

風雨正飄搖
你像是一個巨人面對漫天烽火
發出正義呼聲
終於喚醒世人迷惘

今天是你的
五週歲
一個值得紀念的日子
我要為你乾杯
為你歌唱
你是人海中濟世的方舟
飄響於藍空的旗

看　青天白日之下
那閃爍的遠景
猶如突破冰雪的花朵
綻放在祖國原野

鼓動風潮吧
但願明年此日飛渡重洋
踏著春天的腳步
跨向神州

後記：《大道》，是一份綜合性的雜誌，在內容的比重上，特別强調戰鬥文藝。自一九五〇年九月十六日創刊以來，頗獲各界好評。由於我曾任編輯，之後並忝爲社長。故在這首祝賀創刊五週年慶的小詩裡，乃有：「大道，你文化的鬥士，戰鬥的伙伴」之句。也許這樣說，比較有更多的親切感。

一九五五、九、一六　寫於台北

霧

不知從哪
吹來的一陣風
掀起了
漫天迷濛若煙波的茫茫
頃刻間卻淹沒了
所有凝眸

以等值觀之
比朦朧的月色濃重
可觸及的密度
只是些含有大量水份的靈秀
一種無法測知的
潛能

由於她
給予人以神秘感
我很好奇的
從一片摸不透的光波裡
側身其境而窺探
其實

掠過我眼前的
像飄浮而且是流動著的輕紗
跟上去我想抓一把
留作紀念喲
然而她卻狡猾的從我
手中偷偷溜走

啊這白色的氤氳
雪樣的純然

布穀鳥的歌聲被凝固在這裡
春之凝眸只有躲在
背後悵望
偶爾有幾隻野鴿
翩翩然飛來
也只是像銀鈴一閃
旋即
不見影蹤

及此我揮動著
如劍手臂
剝開一層層的迷離
但見隱隱青山
已被移植在太虛之上
那淡淡的雲海裡

當我凝神遠眺

她卻又驀然揭開那神秘的面紗
漸漸地自湖上穿過叢林
向天之邊陲隱去。

一九五五、一〇、一六　寫於陽明山

夢泊斜陽外

早期的作品　卷之三

創作的時間　一九五六—一九六0

畫家

一幅不朽的創作
是一面昇起不再降落的旗
而且永遠都在
他生命的青空飄揚

去年冬天
我走訪一位大師
一位屬於國寶級的畫家
年輕時的他
僅憑一枝靈性的筆
瘋狂地飲一路
血液般的晶瑩淚水像擁吻
戀人一樣而擁吻著胸前那若白羽的稿紙

於是乃勾勒出
　蒼勁而壯麗的
　似幻而若真的
　嫣紅而跳躍的
　　山水
　　人物
　　花鳥
畫分等級
有些畫家的作品
陳列於國家藝術的殿堂裡
擺出傲岸之姿
靜待鑑賞者的評價
但有些畫作
是在路邊為過客展出
還有些不入流的只好掛在書房
自我欣賞

用來填補空虛

什麼是潑墨
什麼是寫意
什麼是沒骨
什麼是水彩

此皆非我
要探索的主題
一幅有生命不朽的創作
它必然是出
自大師心靈揮毫

一九五六、二、二　寫於台北

過客

來到這島之國
我像一片飄浮的雲
泊半山松徑感千古之蒼涼
於瀟瀟風雨中
不知明日將飄向何處
夜茫茫地撒下了一張迷濛的網
網住我疲憊的羽翼
也網住浩瀚若沙漠莽野
當空谷泉流響
敲擊我無告的生命
頓覺豪情
似隨煙波一俱去
剩下的只有

一枕孤獨和滿懷惆悵
伴隨著窗外椰子樹長影飄搖
所幸風雨過後
尚能寄身於一個蒙上帝
恩賜的靜土
願黎明燃亮燈火

一九五六、三、一二　寫於台北

浪者吟

天有涯　鄉關何處是
水有潯　歸程卻無渡

然而我
仍是個浪者

青春年華雖早已
被赤色的滾滾煙塵吞噬
一顆熾熱的心
卻在寒梅枝頭燃燒

儘管人生
原本是一場虛幻的夢

榮辱與浮沈
只不過天邊彩虹
　　水中明月

即令如流星
自夜空滴落成淚
也該讓它
發出不朽光芒

一九五六、六、一一　寫於台北

失落了詩底日子

很久很久了
我的貧了血的靈感啊
像張蒼白的紙
於是抑鬱和感傷一俱來
迷失於思路的虛線

就這樣
痛苦的擁抱著
空虛煩燥
失落了詩底茫然與
無奈的冷漠
儘管眼前的雲霧偶爾也會散去
然而夢中勾勒的風景

旋即又滑落
另一個迷惘世界

當視野自
殘陽染紅的山徑上
悵然回到案頭
把一串秋的蛩音關在長郎之外
心底的蕭索卻依然
在飄搖

一九五六、九、一五　寫於台北

剪影紅塵外

迎春花

誰把這繽紛
種在綠色的海洋裡
纔綻放兩三枝
卻寫出朵朵嫣紅朵朵嬌

梯田

雕塑了
許多窗形的格子
高高懸掛在
山巔那圓周的斜坡上
遠遠地看上去
儼若是一枚聳入雲嵐的玉蜀黍

橙黃的膚色　正裸露著
被剝開的模樣
迷濛後它依然還是
一座山

鷺鷥與青蛙

在水之濱
一群來自天外的
獵食的鷺鷥
沒想到竟被一隻追逐蚱蜢的
青蛙
縱身騷動嚇得
驚慌而走
這鏡頭卻拍下了
不少的掌聲

一九五七、三、九　寫於台北

當風弄花影搖

湖濱煙柳
捲起一波波月光的輕柔
試圖為戀人
編一個纏綿的夢

青山外的溪流
自遠方帶著笙歌吟唱而來
一對藍色的星星
掉落在湖心的漣漪裡

就是如斯自然
且不待捕捉便能在彼此
心靈的深處

綻放繽紛的花朵

當風弄花影搖
他們似有些飄然的微醉
唇邊的蓓蕾
只待那瞬間閃爍

一九五七、五、六　寫於台北

筆

我曾為苦難中國流過淚
以一隻挺拔若奇峰的手臂揮灑著
自鴉片戰爭之後
飲一路次殖民地的歷史悲泣
直至日本無條件投降
總算勾勒出這昂然的一撇

現在　我要以
光與熱　矢人的匠心
藉著詩人焚燒詩稿的熊熊烈焰
把它鑄成一把劍
　揮向黑暗
斬盡魔魅

於是我瞥見
它那凜然飛揚的神采
從朦朧中化為
一面迎向黎明的旗

一九五七、七、七　寫於台北

追憶

昨夜
又見那朵雲
悠悠地掠過林梢

而我
仍像一棵樹
移植到
初晤時的那座拱橋上
看湖中她
朦朧美的風采

但自
那年三月

她驀然隨風而逝
每次我總是
把撿回的一些凌亂詩句
輕輕地串起來
然後卻又抖落滿懷

一九五七、一〇、九 寫於台北

集景

大海留戀晨曦之美
以萬頃龍鱗般的浪濤之閃爍
引來成群沙鷗
啄拾波尖黃金碎片飛舞

在鋼筋水泥的森林裡
有許多對立的峭壁之懸崖的大峽谷
每日清晨總會自
深山傳來一陣陣花香鳥語

午夜夢醒後聽窗外
瀟瀟異鄉風雨自芭蕉葉尖滴落
啊　像是慈母的

呼喚喲　這輕輕底呼喚

當一面燦爛的國旗
沐浴朝陽冉冉昇起時　我會
被激動得流下淚
擁抱著祖國錦繡河山

一九五八、三、一二　寫於台北

樵子

想必是
有人在玩火
把一山丹楓燒成滿天彩霞
於是他擔起了
一肩落日　繫籐蔓
拾階而下

聳一聳肩頭壓力
穿過那滿佈著荊棘的莽莽荒原
儘管是一步一個血印
也踩不平坎坷

而終年擁抱林泉

是為了欣賞
這裡的高山流水琴韻
且於此願
結識伯牙其人

一九五八、六、八　寫於台北

深秋的畫幅

秋深了
這多麼的蕭索
多麼令人感傷的季節喲
荷塘的蓮房
被西風輕輕敲碎
柳岸濃蔭只留下幾根
疏稀殘線
在細雨中飄搖

當晚霞滿天
我怕聽潺潺溪流
奏出鷓鴣長恨杜鵑低泣
還有那幽怨而

高亢的松風小喇叭

此並非我以
悲秋客喟然而嘆秋老
而嘆秋之肅穆故步江郎之吟唱
可是秋啊
白天吹著瑟瑟風
夜來灑下瀟瀟雨
不知又有多少花瓣凋零
將隨滾滾江流東去

於是我彷彿看到
故鄉庭院裡的桂蕊不再飄香
堤邊那飛白的
芒草　皆低頭無語
原野的群雀
竟不帶一聲羌笛

但願山頂
那燃燒的楓紅
能羽化為夢中蝴蝶

一九五八、九、一〇　寫於台北

山中夜雨

秋已釀成苦澀的咖啡酒
山中的夜乃予人以蕭索的寂寞感
窗外有雨飄落
溪流急著奔向遠方

驀然霹靂的雷聲大作
恍若八二三台海砲戰的爆發
從西太平洋上
料羅彎的海面響起

繼之落山風自空而降
帶來歐陽子秋聲賦的萬丈豪情
在一片黑色莽林間

激起驚濤忽奔騰而澎湃

我原本患有失眠症
誰知在這山中
一個如入夢魘的世界裡
竟遭此無端打擾

當驚恐的午夜過後
我曾試圖靜坐被捲入遐思
而痛苦的咀嚼著
滿懷莫之所止的鄉愁

一九五八、一〇、八　寫於台北

我的歌是快樂的

同樣的一年
同樣的過著三百六十五天
但生活在這裡的人
卻擁有幸福花開的季節

就像那老農凝視他耕耘的
黃金色的稻穗在七月微風中盪漾著
有時卻又像一隻隻迎向
春天的小鳥啊　在晴空翱翔

啊　那青青的山淡淡的雲
不正是快樂者歌中的宇宙之風景麼
那圓圓的月藍藍的天

在編織著我那夢中温暖的家
為著這塊靜土
我要以歡笑的音符向每一個
幸福花開的日子
盡情地唱著快樂的歌

一九五九、二、二　寫於台北

踏青者

輕鎖著池塘瀟灑多姿
蕩漾於春之翠堤的垂柳正吐著絲

當我從這裡走過於回顧時
綠蔭處忽傳來陽關三疊的歌聲

孤獨時我不敢讓思潮任意奔騰
然而　這景色也能翩然賜我一曲麼

踱過小橋我在浣衣石上坐下
看青空閒雲幻變與流水低低私語

而三月　這充滿著詩情畫境
青青水湄啊　足夠踏青者以玩味咀嚼

一九五九、三、二四　寫於台北

夢之聯想

晨間的海浪
潑灑滿谷的黃金潋灩
而我夢幻之舟
卻昇起了希望的帆

在植物園的
草坪上
遺留下的花生殼和果皮
像是咖啡杯底
在浮現著
我青春苦戀時的
場景

午夜醒來後
聽敲窗成韻的疏雨滴落
啊　更殘漏未盡
乃引起了
我思古之幽情

一九五九、六、一二　寫於台北

大地的流雲

駕思慕伸展於
事物之上
那航行在藍空的白雲朵朵啊
像是夕照中的歸帆
自湖上悠悠地划動碧波
駛向黃昏近岸了
可是前面的含笑青山
並非停泊港口
歎息如風飄向何處呢
我這個去國已二十年的浪蕩之子
正是大地的流雲喲
在茫茫的人海裡浮遊著
從囂煩的城市

到純樸荒涼的鄉村
如今這聖地雖任我自由徜徉
然而卻
不是我的家

一九五九、九、六　寫於台北

今夜

想必是
宇宙的奧秘未關好
天邊那一顆顆在跳動的星星
為何如斯閃躍

此時　雖已是午夜
過後　萬籟猶未靜

眠不得
索性把窗子推開
就讓那光芒
流入我心之湖泛起漣漪吧

聽濤聲澎湃
坐待西鄰籬下雄雞
啼破春曉

一九六〇、一、九　寫於台北

終於

揹起希冀行囊
勝利的路
豁然自眼前展開
微笑著
而且　悄悄地
帶著夢和歌自大腦出發了

經過每一道
血管的河川之激蕩
以充沛的活力
流向大地流向星海
蔚為文采

終於昇起
一面迎向黎明的旗
壯麗地在我
生命的青空飄揚

一九六〇、三、二九　寫於台北

在水之濱

時已向晚
漁舟歸自波濤
但在這水濱的長堤上卻
處處揚溢著
羅曼蒂克的風情

海乃開始抱怨
抱怨它被埋沒的無聊

而那座像是
長龍臥波的吊索橋
因一日的勞頓
正躺在晚風的搖籃裡休息呢

然而我獨對蒼茫
徘徊復徘徊　不知想要
尋找些什麼

當廟院鐘聲
敲碎了落霞片片
幾隻山鳥則飄起翅膀　搧亮
滿天星火
之後隱入叢林

一九六〇、五、六　寫於台北

奔騰的金馬

雄偉的太武山
是一座擎天的支柱
鋼鐵般的高登島塞住對岸
敵人的砲口
然而你這匹奔騰著
叱吒於西太平洋上的金馬啊
終於在一場震撼
世界八二三台海砲戰中
讓全天下的人
都在為你以霹靂的
　掌聲
喝彩

就這樣
你這匹來自前方
來自戰地奔騰的金馬啊
像風一般瀟灑
而在南中國的島上
　追逐雲霞
追逐太陽
迎來千百萬人的希冀
送回千百萬人的歸心
悠悠然而馳騁
昂昂然而騰踏
　而挺進
　　而飛躍

就這樣
你這匹一戰成功
歌著勝利榮歸的金馬啊

我們看見你
在青天白日之下
　從原野
　從山崗
　從峽谷
　從莽林
把文明傳播給大衆
把繁榮分享給農村
把民主的種籽送到鄉野種植
把自由的火炬投擲鐵幕燃燒
　燃燒……
　燃燒……

遠征吧
你這匹奔騰於
西太平洋上叱吒風雲的金馬啊
就此乘風跨海吧

就此飛渡重洋吧
　　遠征
　遠征
載負著春天的朗笑
載負著萬衆的歡騰
向南京
向北平
向西北利亞荒漠
向莫斯科的紅場
前進　向中國統一的大道前進
前進　向天下為公的大道前進

後記：爲紀念震撼世界的台海「八二三」砲戰勝利，台灣交通當局，特推出一項劃時代的創舉，名之曰「奔騰的金馬」公路特快車，簡稱「金馬號」。以其設計之新穎，裝潢之優美，且具有現代化的一種安全與舒適感。行駛後，頗獲各界好評，作者特以詩賀之。

一九六〇、一〇、九　寫於台北

夢泊斜陽外

早期的作品　卷之四

創作的時間　一九六一——一九六五

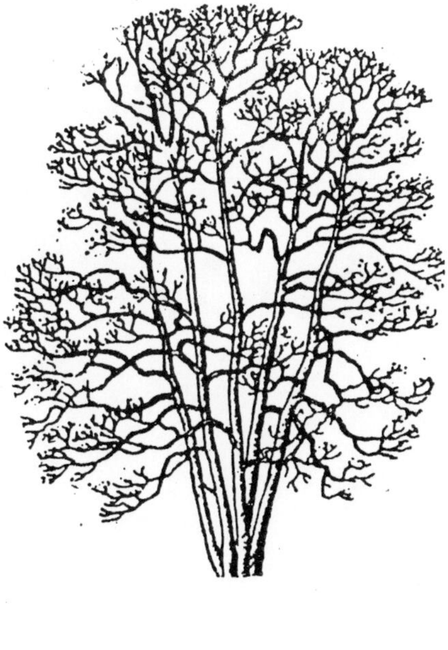

雕夢

窗外的
那朵雲
已穿過野渡灘頭遠去

於是我
把夢擺在桌上
拿起雕刀
精心掘鑿

但有時
將它放進水壺
煮了再煮
過濾再過濾　直至再也

找不到
那微觀芒刺

而此刻
我才邀月對飲

一九六一、二、一一　寫於台北

野狼

野狼因耐不住
午夜寂寞
牠掃莽原是想把
黑色的海風逐出黃土地那塊陰影

叢林中的龍族
已成為野生動物化石
而吠月卻又為了
吐出在牠血液裡燃燒的烈燄
逼得星空打烊
讓熹微點亮黎明的
那團火

於是牠
以黑茸茸地哭泣聲浪
向天長嗥

一九六一、五、一五　寫於台北

石獅子

如今　仍有人把它置之於
大門兩側　來顯赫其堂奧的深度

像這類
雙目圓睜而又
虛張聲勢的封建裝飾怪物
　觀其表
　察其實
只不過貴我以
雍容的一幅風景吧
在二十世紀
人文中

它所象徵的究竟
是什麼呢

恐怕連上帝
也都被搞模糊了

一九六一、八、九　寫於台北

雪中的英靈

像遠古
大雪中的遺世歌者
驟然以一枚
熾烈的音符不知為誰燃亮
一堆篝火
烘托凍僵的夢

沒有什麼可以
阻擋的呀
那飄逝已久遠古雪中的英靈
忽拔劍而歌
頓使紛飛的雪花
醉臥

莽野

可是那歌聲
穿過了層層覆蓋
卻羽化為
一隻翱翔雄鷹
自天際掠過一道閃電
把江南雪韻
帶到金門的戰地
吟哦

一九六一、一一、二七　寫於金門

舟繫彼岸

像一片
飄落了的葉子
墜入
夢的泥土
且羽化為那年舟繫
彼岸的風景

當我
飛渡重洋來到
這島之國
回首江上那朵雲
妳依然
在那兒揮手

今偶爾
也擁抱夕陽
坐在防風林外聽潮
但因霧重
卻阻斷了蝶浪
迴瀾

一九六二、二、八　寫於台北

相對論

夜已闌珊
我決定把窗子推開
讓月色
溶入夢境裡

待明朝
那朵鮮紅的蓓蕾
開得癡如醉
像是發了瘋的玫瑰
隨風漂泊
流成漫天彩霞
誰知卻驚動了

春晨林間的衆鳥族
群起而鼓噪
乃匯為一山澎湃
松濤

一九六二、三、二〇　寫於台北

渾然歲月

時間　正悄悄地
從秋之午後的江上飄過

飄過了那荒涼莽野
飄過了那吟唱著潺潺的澗溪峭壁
飄過了那孤懸於
　　海上的島之國

如果說
還有那飄不走的
就讓它留在
心靈的殿堂裡展出吧

這時
我才頓悟
凡可觸及可撫摸的
一些來不及
著色的瞬間朦朧
才最美

而且
也才是生涯中
最最珍貴
隨時可以翻閱的快樂

一九六二、九、二　寫於台北

但此刻

一灣淺笑的
秋之澗溪的漩流
猶如少女
面頰的那酒渦

啊好一朵
煽情的致瑰呀
正吐露
醉人的芬芳

於是從記憶裡
我打撈起飄逝的煙塵
而沈默的海

卻賜以藍色的夢

但此刻
究不知我在山中抑或天外
孤獨的雲
仍在那裡徘徊

一九六二、一〇、六　寫於台北

我仍是一粒種子

在太陽底下
雖曾灰燼過　死亡過
然而我
不再是裝在
玻璃瓶裡的那粒
標本

因為我也曾
開始過　也曾重生過
看著自己
被埋進泥土裡

驀然回首　忽

發現野地裡的那朵嫣然微笑
不就是曾經死亡過
　灰燼過的我嗎
在太陽底下
我仍是一粒種子

一九六三、三、一二　寫於台北

原住民

用腳板啃著岩石
讓臂膀攀緣於叢林的枝椏上
有時獨立蒼茫
便立成一尊青銅雕像

終年擁抱山林
擁抱那渾圓火紅而熾烈的太陽
把汗的顆粒
灑在荒涼的獵場

更以黑黝的身軀
燃亮斷崖峭壁的光芒
只要心不冷卻

總會噴出熾熱岩漿

就這樣　他們
為台灣這島國的歷史
寫下了一頁
可泣可歌的詩章

一九六三、六、九　寫於台北

神往

一彎上弦月
翹翹似扁舟
趁星夜划向窗前椰林外
引我走入夢境

這時　我正悄悄地
以神思　以一種浪漫的憧憬
奔赴那飄起
長髮的懸空瀑布
滴落河心的那一圈圈
　詩底
旋流

誰知卻驚飛了
一隻正夜宿林間的小鳥
但願牠能
飛回故鄉的那所
老巢

如斯神往
只帶回一把雲

一九六三、九、六　寫於台北

冬夜

風咬著簷角不放
雨卻把窗櫺哭成淚眼

斗室靜得
像一池冰封止水
孤燈乃是我
廝守的一葉夢之島國

夜正忙著
奔赴叢林去尋找
失落的翅膀
想必是為了飛向黎明

偶爾自天之外
傳來了轟噇的喘息
頓時又使我
回到徐蚌會戰的砲聲裡
而在雪的
酷寒中匆匆地
走避江南

走向茫茫天涯路

一九六三、一二、三〇　寫於台北

握別的那一瞬

雪連夜飄著未歇
我站在渡口
以僵冷的熾熱等妳

起程前
在握別的那一瞬
終於讓你的淚水匯為江河

路旁
沒有花可相送
就把凝眸
別在妳的衣襟上

作為祝福吧

請不要將
這瞬變為陌路

一九六四、一、二〇　寫於台北

陽明書屋

是以山之得名
還以人之得名

當山與人與靈秀
擁抱在一個
不太顯眼的而又像農家
小木屋的
誰能想到這裡
竟典藏著難以清點出
有多少
絕版的叢刊

今晨無霧

從芝山岩攀緣而上
藉著一朵雲霞
尋尋覓覓　除把各個景點
框進凝眸外
其中彷彿還有著
一抹殘存的防空洞陰影
不知屬於
歷史的那一頁
傷痕

穿過幽黯曲徑
猛一抬頭
這座名之曰陽明畫屋的卻
驀然出現在
那濃郁的綠蔭深處

一九六四、三、一二　寫於台北

宇宙的奧秘

亙古以來
那朵恍若血蓮的大紅燈籠
總是自東方昇起

但在夜的海洋上
一葉翹翹的扁舟正划動碧波
馳向西山那雲深處

今夕是何夕
為何有那麼多的螢火蟲
都在沙漠裡流浪

然而我這個
孤獨的過客（或者說詩人）
正坐在窗前窺思

一九六四、六、一八　寫於台北

霧中的秋之午后

秋之午后的霧
自湖上茫茫昇起　像幔紗無聲
只有淡淡的輕愁
在芒草的煙波中晃動

一抹懸於古塔
頂端的斜陽　正昏昏欲睡
恍若是一盞孤燈
被埋在太多的無聊裡

那顛狂如粉蝶
翩翩飛舞的霜葉　在風中
藉著霧嵐的
翅膀到處在飄搖

所有的物象
雖已羽化為若芒草的茫茫
但也成了
另類的朦朧美

如斯簡單　而又
神秘的瀰漫之瀰漫　猶如我
望也望不
穿的童年的夢

啊啊　霧退了
忽見山巔的那團火
轟然自萬丈
懸崖滾落於溪谷

一九六四、一〇、一六　寫於台北

另一種民主

有人眺望海
正如你有權看山一樣

藍天既是
一望無際的大草原
而浪花
不就是島嗎

白馬非馬
那只是形而上的
詮釋吧

任你怎麼說

只要客觀不違反邏輯的法則
甚至罵人
又有何不可呢

一九六五、四、三　寫於台北

再版的戀歌

她走了
卻留下一籮筐
回憶

所以在這
城市的另一端
有人咀嚼那段太多的苦澀
未了的情緣

我決定拔掉
那顆疼痛的乳齒
而把曾經
吃下的一些甜蜜的句子

串成系列詩册
要不就
丟進思念的漩流裡
看它轉呀
　轉呀
終於寫成一首
再版的
戀歌

一九六五、七、一六　寫於台北

在失約的那個晚上

在失約的那個晚上
我把二十年前
夜的潮聲關進小窗的柵欄裡
聽迴瀾流轉
竟播出妳吟唱的
那首歌

還記得在
失約的那個晚上
煙雨以絲絲
以細緻的腳步踩在
蒙上了輕紗的小橋木板晃動
裝進一彎潭水的

粧鏡中　更顯得一種
寧靜的美

可是妳的
笑聲再也不能湧現於
同一條河流

一九六五、九、五　寫於台北

夢泊斜陽外

滾滾煙塵劫
蕭蕭落木秋

然而
我自江南遙隔萬重山
向妳揮手
自一個無以名狀
滴血黃昏下
離開了六朝故都後
孤寂悲痛欲絕
恨未能帶走滯留斜陽外的夢
仍在天之涯悠悠

悠悠
悠悠

歲月如流
往事那堪重回首
歸期猶未卜
先已漂白了少年頭
斜陽外的煙波
依然縹渺　何處是江樓
憑欄處—
只留下那一抹
　相思
　離愁

如今年華雖已老去
而戀情卻依舊
但願以一枚丹楓投入蕭蕭西風裡

羽化為一葉扁舟　輕輕
航向斜陽外
　　蕩漾那份期許
　　搖曳那份擁有

一九六五、一一、二　寫於台北

附錄

路的啓示

王祿松

潘　皓，是一位玉骨冰心，芝儀秀拔的傑出詩人。飽飲詩書，造就他高華的氣質；展力教化，玉成他淨潔的人品。道義情深，促使他在暢酣的友誼中浸溫渥澤。而對詩藝的熱切態度，對文學的深入涉獵，對社會的至情關愛，對人生光華美照的展望，更是使他成功為一位不可多得的彬彬雅士慊慊詩儒。

年少之時，即以詩鳴，彩筆搖搖，風霞為之羽化，河海為之揚沸。墨飛怒水，筆掃風霆，摛辭高華，天文為變。他所寫的「路」一詩，就是他少年的心蹟膽色，歷數十年，仍見雲龍風虎之象，日月牛斗之光。

人生，他所熱愛。詩，也是他所熱愛。歷履狂雲怒瀆，滄桑荒蕪不了他卓越的才情，流年沖刷不走他典麗的詩心，風雷雪霰，畫雹夜霆，拂亂不了他對文學藝術的嚮慕。人塵的囂離，時代的災劫，減温不了他仰向光華歲月，乘風飛躍的雄心。

路，這首詩就是潘　皓的原志，也是他對人生的思維理念。路，寫出了一種人文的不屈，奇瑰的激昂，抑且是人傑象徵的傳奇，夢中雄圖的展現。

「走出山洞」，是一種起點，「揭開序幕」，是一種排幕。「勾勒軌跡」，是一種起跑，「雲間伸展」，是一種鵬舉。「突破浩瀚」，是一種鑿空，「踩平坎坷」，是一種征服。

「向陽奔騰」，是一種展放，「穿過蒼宇」，是一種昇華，「寫出漢唐」，是一種展績，「代有才人」，是一種光華，「撥開雲霧」，是一種掃蕩，「一路繽紛」，是一種自期與自許。全詩意概雄健，元氣飽足，紅血青膽，山海共峙，華詞高語，日月同輝。少年而有詩如此雄健康暢，是可知潘　皓一生之運與奮鬥之功，以此為肇，以此為依，以此為徵，徵可信也。

路，經歷踐踏的腳，奔踴的蹄，狂舞的鋤鉞，疾馳的重輪。也經歷肆虐的火陽，橫施的暴雨，怒飛的風雪，凜冽的堅冰，乃能成為大地的動脈，前景的導引。無畏於長年的忍痛負重，日夜地茹苦含辛，迎向迫害受苦的歲月，付出無言的堅忍，成就為人間卓絕的典型。

交蔓草青苔為畏友，結荒烟野石為姻眷，在日星河岳間沈默，將一生交給了犧牲，奉獻。萬里的長路啊，為人間鋪展出無窮的希冀，為生活傳下無字的言詮，啓迪萬世不墮的極旨，展現著永恆偉大的真情！

潘　皓以少年之「路」為起點，一路走來，一步一旭日，一程一黎明。曾是，他的血滴在路上，一滴一盞燈。他的汗灑在路上，一汗一雄吟。他的心血生奇崛，乃能轉災劫為康樂。他以彩筆造崢嶸，乃能搓風雨做明珠。他的詩，是生活的黃金紀錄，是人生的光華寫照。精雕詩語，彩繪文心，運筆而華彩風動，落紙而琦瑰天成，是可見其積於心者，浩如江潭之渟蓄，發於外者，渤如河源之浩盛。飲詩品之甘澀，醉勞生之悲歡。血淚影中，走琉璃之過客，肝膽夢裡，駐水晶之奇人，潘皓的詩，寫得成功，潘　皓的人，做得成功，風中雪中，晴時雨時，一座輝耀的華表，矗立在生命的高原上。

一九九九、四、一五　寫於台北鯉魚山「讀月山房」